AF499852

LES

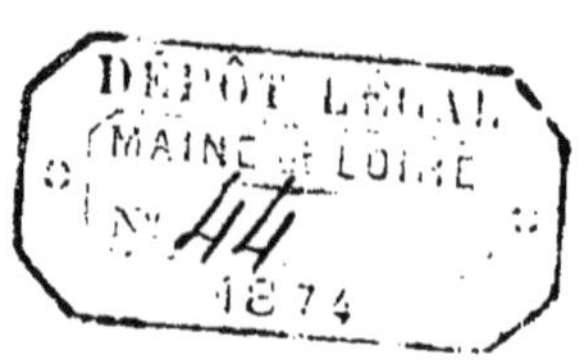

COUCHES SOCIALES

PAR

Gabriel ROGERON.

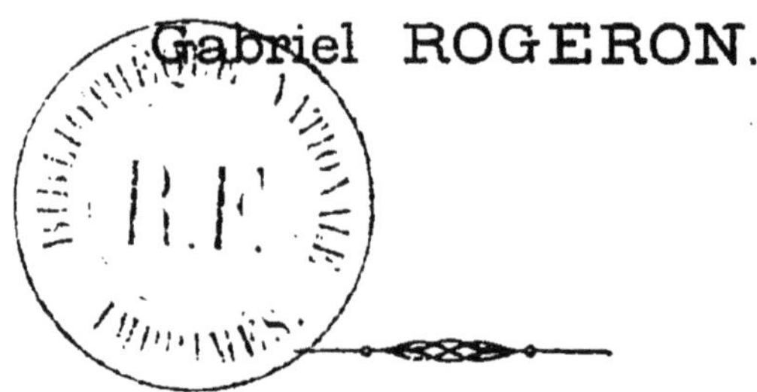

ANGERS

E. BARASSÉ, IMPRIMEUR-LIBRAIRE-ÉDITEUR

83, Rue Saint-Laud, 83.

1874.

LES COUCHES SOCIALES

I.

Le Français est d'un caractère si changeant, que tous les ans il lui faut un habit d'une nouvelle coupe, et bientôt, pour que son bonheur soit parfait, il lui faudra chaque année un nouveau gouvernement.

Il en est chez nous des mots et des phrases, comme de toute chose ; et de même qu'il y a parmi le public bohême de la capitale un argot qui change tous les ans, il y a par toute la France quantité de mots et de phrases toutes faites, assez creux pour la plupart, qui sont en vogue et que tout le monde répète par cela seul qu'ils sont à la mode.

Avec ces phrases et ces mots, on passe partout, on réfute en un instant les arguments les mieux établis. Souvent ils sont vieux et représentent des idées plus vieilles encore ; mais ainsi que l'on est bien forcé de recourir aux anciennes formes d'habits faute de pouvoir en inventer tous les jours de nouvelles, nous sommes bien obligés de remettre à la mode les vieilles idées, notre imagination ne pouvant pas suffire au besoin insatiable que nous avons du changement.

C'est ainsi que ces dernières années on a fait un si déplorable abus des mots *progrès* et *liberté*, bien qu'ils n'aient rien de neuf ni dans la forme ni dans le fond, et que la chose soit plus problématique que jamais depuis qu'on en parle tant (1).

Et infirmité humaine ! tout le monde adopte ces mots et ces idées, même ceux qui sont capables de penser par eux-mêmes et qui intérieurement en voient la fausseté.

En France, les lois de l'Etat, les prescriptions de la morale ne sont rien en présence de la tyrannie de la mode. Il est déjà triste de se croire obligé de porter un vêtement de telle forme, parce que tout le monde en porte de semblables ; mais n'est-ce pas être arrivé au dernier échelon de la dégrada-

---

(1) A-t-il été en effet quelquefois plus parlé de liberté que sous le gouvernement du 4 septembre, alors que l'on s'opposait à l'élection d'une assemblée nationale, que l'on remplaçait par des *commissions* les *conseils* librement élus, et que le dictateur supprimait par son seul bon plaisir les journaux qui osaient blâmer son despotisme.

tion de l'intelligence humaine, de se croire ridicule parce que l'on exprimerait d'autres idées et d'autres opinions que celles qui courent la rue. Faire parade des idées des autres, c'est-à-dire s'honorer de n'avoir pas d'idées à soi, c'est ce me semble le comble de la honte et de l'abaissement, c'est ne pas même exister, car pour exister il faut penser ; c'est passer à l'état de machine dirigée par le grand ressort général !

Si au moins on se donnait la peine de choisir avec discernement ! Mais ce sont les phrases et les idées les plus en vogue que l'on préfère par ce seul motif qu'elles sont adoptées par le plus grand nombre. Et c'est le Français si vaniteux de son intelligence, qui met sa gloire à prouver qu'il ne pense rien par lui-même ! Et c'est le Français à qui il faut toujours un mot d'ordre venu d'ailleurs pour penser, qui veut gouverner par lui-même au moyen du suffrage universel ! Monsieur Bismark nous a, dit-on, appelé un peuple de singes : l'expression était, il faut l'avouer, peu polie, cependant elle avait bien du vrai.

Il en est de ces mots, absolument comme des *chignons :* heureux celui qui peut en mettre un en vogue ; si la mode l'adopte, sa fortune est faite. Et, en suivant toujours cette comparaison un peu triviale, on peut dire qu'ils enrichissent non-seulement les inventeurs, ou du moins ceux qui les ont lancés, mais ensuite tous ceux qui veulent faire usage de la recette. Ainsi, en débitant à propos les mots un peu usés de *démocratie*, de *liberté*, de *rural*, de *clérical*, on peut encore facilement devenir conseiller municipal et même député.

Quelle sera donc à plus forte raison la fortune de l'inventeur, ou, pour parler plus justement, de celui qui a mis en vogue l'idée ?

On en a vu un exemple fameux : avec le mot *prestige* qui lui appartenait, et cinq ou six autres à la mode qu'il avait recueillis de côté et d'autre, Napoléon III a pu régner et enrichir lui et les siens, pendant plus de 20 ans, aux dépens du bon peuple français. Mais tout récemment il en est survenu un qui, bien que guère plus neuf que ses prédécesseurs, fera probablement de même la fortune de son inventeur, et le portera vers les plus hautes destinées ; c'est celui de *couches sociales* que M. Gambetta a su si bien mettre en évidence pour la première fois dans son discours de Grenoble.

En France, où l'on est si bon juge en pareil cas, on ne pouvait manquer d'accueillir avec confiance et enthousiasme ces paroles venant d'un homme qui a montré tant de dévouement et de discernement pendant qu'il était à la tête de la défense nationale.

II.

Non-seulement les *couches sociales* ne sont pas nouvelles, mais depuis qu'il y a des sociétés organisées, elles doivent exister. En effet, je vois que chez tous les peuples et dans tous les temps, les citoyens des classes inférieures ont pu par leur travail, leurs talents ou les services rendus à la patrie, parvenir à des positions élevées dans la société, s'y maintenir et y obtenir une juste considération. Et sans prendre d'exemple en dehors de chez nous, il est bien certain que toute notre vraie et ancienne noblesse ne remonte pas à la conquête des Francs ni même aux croisades ; beaucoup de ces familles ont dû sortir du peuple après avoir conquis elles-mêmes leur position. Seulement ces *couches* se formaient insensiblement et sans secousses ; les nouveaux parvenus montaient paisiblement les degrés de la fortune sans songer à bouleverser l'Etat ni à renverser ceux près desquels ils aspiraient à se placer.

Les difficultés pour arriver étaient grandes alors, beaucoup trop grandes et allaient même souvent jusqu'à l'injustice ; cependant la masse des esprits n'en était pas aigrie ; on savait bien que

tous ne pouvaient ati ndre les premières positions ; et ceux qui n'avaient ni l'intelligence, ni le courage pour y prétendre, se contentaient de la situation présente sans songer à recourir aux révolutions pour faire fortune.

A partir de 1789, les *couches sociales* procèdent d'une autre sorte, et ce n'est plus que par irruption, bouleversement, qu'elles cherchent à s'établir. Ce n'est plus le mouvement continu, graduel et régulier de quelques individus ou quelques familles qui tendent à s'élever par les moyens naturels et honnêtes : c'est toute une portion de la population qui, prenant en haine sa situation inférieure, veut se faire jour d'un seul coup ; tous les moyens lui sont bons, pourvu qu'elle arrive promptement. Les richesses, les honneurs, il les lui faut immédiatement, peu importe qu'elle les ait ou non mérités par son talent ou son travail ; mais comme ces choses sont au pouvoir des *couches sociales* précédentes, il n'y a qu'un moyen, c'est de tâcher de renverser celles-ci au moyen de révolutions, pour se mettre ensuite à leur place.

C'est de cette sorte que la couche de 1789 en a agi vis-à-vis de la noblesse, du clergé et de tous ceux qui de près ou de loin semblaient appartenir à l'ancien régime, c'est-à-dire aux anciennes *couches sociales*. On les déclarait traîtres à la patrie, puis, après les avoir emprisonnés et le plus souvent mis à mort, le gouvernement de la révolution confisquait les biens et les vendait à vil prix; et, par ce moyen facile, les vrais patriotes pouvaient sans fatigue se composer dans un instant une jolie fortune que souvent les anciens propriétaires de ces biens avaient mis des siècles à acquérir à force de labeur et d'industrie. Quant aux places et aux honneurs, il en était de même : de simples avocats devenaient immédiatement généraux ou chefs de gouvernement. La France perdait ses colonies, sa marine, le pays s'abîmait dans sa ruine, mais la nouvelle couche s'était enrichie, et la république existait.

Depuis cette funeste époque, tous ces révolutionnaires se sont calmés; la douce et paisible jouissance de l'opulence et du bien-être a adouci leurs mœurs; ils ne demandent pas mieux que de devenir conservateurs, et certains même se faisant illusion sur leur origine, se font appeler M. le comte et M. le marquis.

Mais malheureusement cette tranquillité ne semble pas devoir durer éternellement, et une nouvelle et formidable *couche* qui a tenté d'apparaître en 1848 et s'est montrée à nue quelques instants sous la *Commune*, convoite comme son héritage la situation des classes de la société qui lui sont supérieures. Maintenanl elle s'organise, se prépare de nouveau et attend avec anxiété le moment favorable pour faire irruption aussi elle, en renversant, comme d'habitude, tout sur son passage.

Et il est présumable qu'on en a pas fini avec ce nouveau genre de *couche sociale* né de notre première révolution. En effet, bien que chacun, peu gêné par les scrupules de sa conscience, fasse ses efforts pour atteindre la position enviée, il n'y aura jamais de place pour tout le monde, ce seront toujours les plus habiles qui seuls arriveront. Ainsi, vraisemblablement, dès qu'une nouvelle couche sera établie, elle aura déjà des envieux qui conspireront à sa ruine, et notre pauvre pays, s'il met trop de confiance dans les paroles prononcées par M. Gambetta, il est à craindre que de couche sociale en couche sociale, c'est-à-dire de culbutes en culbutes, ne consomme sa ruine si bien commencée, et devienne le sujet de la risée et du mépris du monde entier.

III.

Il nous reste maintenant à examiner ce qui a pu produire ce déplorable changement d'allure de la part des nouvelles *couches sociales*.

Une des principales causes de ce changement, c'est l'esprit aristocratique répandu et développé en France dans des proportions vraiment étonnantes depuis notre première révolution qui se donnait cependant pour mission de le refouler. En effet, a-t-on jamais, plus qu'à notre époque, désiré les honneurs et les richesses? A-t-on dans un autre temps voulu avec autant d'ardeur sortir des rangs du peuple pour se mettre aux premières places? Aussi c'est bien par sentiment aristocratique que l'on se dit démocrate, et le seul but en agissant ainsi est de parvenir. Au fond, on se moque de la forme du gouvernement, et, bien plus encore, du peuple que l'on flatte; on lui fait miroiter devant les yeux l'égalité et la fraternité, et l'on serait bien désolé si ces mots étaient pris à la lettre. Quant aux milles tendresses qu'on lui prodigue, elles sont plus dérisoires encore, car ces faux démocrates savent parfaitement bien que le peuple ne gagnera jamais rien aux bouleversements, si ce n'est la misère. Seulement, comme on a besoin de toutes les forces du peuple pour soulever la couche sociale qui doit vous porter aux grandeurs, on tâche de lui faire croire que lui aussi en fait partie. Mais il n'y a jamais que le côté supérieur à voir le jour, c'est-à-dire les habiles qui ont su s'y placer!

Je sais bien qu'il se trouve çà et là quelques démocrates convaincus et dévoués qui n'agissent pas dans un but égoïste ; malheureusement le nombre en semble bien restreint. Si l'on considère ceux du passé et du présent, on s'aperçoit qu'ils ont presque toujours un intérêt personnel à l'être ; l'intérêt que je citais plus haut, celui d'atteindre à la fortune ou à la considération qu'ils n'ont pas. Malheureusement, en effet, pour l'intégrité de la cause démocratique, ce sentiment qui devrait exister dans toutes les classes de la société, puisque nous sommes tous de même nature, ne se rencontre guère que parmi les gens qui ont une fortune à faire, et encore plus souvent à refaire ; ou bien chez des personnes déjà riches, qui, n'ayant pas ou ne trouvant pas avoir une position assez ancienne et assez marquée dans la société, désirent obtenir de hautes fonctions pour la rehausser. Et comme preuve que c'est un sentiment factice, inspiré par l'intérêt du moment, nous avons sous les yeux les couches sociales précédentes qui, une fois arrivées au terme de leurs désirs, ne se préoccupent plus guère de la démocratie que pour la combattre. Ainsi, les révolutionnaires de 1789 et de 1830 sont, pour la plupart, devenus d'ardents conservateurs, parce qu'ils n'ont plus rien à gagner, et tout à perdre par la propagation des idées démocratiques. Et d'après ce principe, il est plus que probable que, par la suite, les soi-disant démocrates d'aujourd'hui deviendront à leur tour conservateurs, et réactionnaires quand leur intérêt sera venu de l'être, et ainsi de suite tant qu'il y aura des couches sociales du genre actuel.

Il faut encore voir une des causes de ces dangereux soulèvements périodiques des classes inférieures dans l'abaissement du niveau moral et du mépris de toute justice qui n'ont jamais été tels que de nos jours. A toutes les époques on a désiré faire fortune, peut-être jamais, il est vrai, avec autant d'ardeur qu'aujourd'hui, mais on avait généralement assez d'honnêteté pour s'imaginer qu'on ne pouvait parvenir que par son industrie et son travail. On trouve désormais ce moyen trop arriéré et surtout trop peu expéditif; avec les bouleversements sociaux on arrive bien plus vite. Mais, pour les produire, il faut le peuple, et pour l'avoir il faut le tromper; on cherche à se l'attacher en lui promettant des jouissances irréalisables. On flatte son orgueil en l'appelant peuple souverain, simplement pour qu'il vous délègue le pouvoir. On spécule sur les mauvais instincts en cherchant à exciter la haine déjà trop grande de l'ouvrier contre le bourgeois, comme si ceux qui agissent ainsi vivaient eux-mêmes du travail de leurs mains, et n'étaient pas par conséquent tous bourgeois, comme si surtout il n'existait pas de riches parmi eux! Et les démocrates qui ont en partage la richesse, en sont-ils bien plus prodigues que les autres?

On pourrait citer encore la disparition de tout respect pour le pouvoir établi, et une infinité d'autres causes; mais toutes peuvent se réduire en une seule d'où elles découlent, c'est l'abandon de plus en plus grand de la religion en France.

Ce frein enlevé, l'homme est livré à toutes ses passions, il s'abandonne sans scrupule à toutes ses convoitises, et ne regarde plus aux moyens. Ne faisant désormais consister le bonheur que dans le bien-être matériel et la satisfaction de son ambition; tout ce qu'il n'aura pas il le désirera, toute autorité, tout ce qui sera au-dessus de lui, lui paraîtra odieux. Chacun prenant en haine sa situation, ne cherchera plus qu'à arriver et à s'emparer de la position de celui qu'il croira plus heureux que lui. Aussi chose digne de remarque, tous les démocrates, à quelques exceptions près, ont une aversion prononcée pour la religion, et la religion catholique en particulier; leurs efforts tendent tous à l'affaiblir et à la détruire.

A première vue, ce sentiment hostile semble incompréhensible, ils devraient au moins être indifférents, la politique et la religion étant choses distinctes. Bien plus, je dirai même, il semblerait tout naturel qu'ils fussent plus religieux que d'autres. Qu'y a-t-il en effet de plus démocratique que l'Évangile? N'a-t-il pas été écrit pour le pauvre, et celui-ci n'y a-t-il pas toujours la première place? La *fraternité* et l'*égalité* n'y sont-elles pas prêchées à chaque page? Mais c'est justement parce qu'il est vraiment démocratique qu'ils le détestent, car eux sont profondément aristocrates dans le fond de leur cœur, et la religion chrétienne est un continuel reproche de la mauvaise foi de leur conscience. Ne leur prescrit-elle pas l'amour de leur semblable, et le renoncement à eux-mêmes, tandis qu'ils savent fort bien qu'ils n'ont d'autre désir que de tromper le peuple dans un but égoïste.

Angers, imp. E. Barassé. — 172-74.

www.ingramcontent.com/pod-product-compliance
Ingram Content Group UK Ltd.
Pitfield, Milton Keynes, MK11 3LW, UK
UKHW012314240726
13966UKWH00005B/1864

9 782013 382823